Lb 2880.

A Messieurs

LES ÉLECTEURS

DU

Troisième Arrondissement de Paris,

ET A TOUS

LES CITOYENS ÉLECTEURS.

Le commerce et les arts, les mœurs et le courage,
Arbitres du bonheur, sont l'ame du vrai sage ;
Ils l'élèvent bien haut, généreux et puissant,
Source pure du bien, font seuls le bien constant ;
N'inspirent aux cœurs droits que du patriotisme,
Et l'amour du prochain, le plus noble civisme.
Vive notre pays ! sachons le diriger :
Rendons hommage au Dieu qui sait le protéger.

PAR P. LAISNÉ, ÉLECTEUR.

SE VEND 3 SOUS

CHEZ M. ADDE, LIBRAIRE,

BOULEVART POISSONNIÈRE, Nᵒ 17,

ET CHEZ LES MARCHANDS DE NOUVEAUTÉS.

FÉVRIER 1839.

MESSIEURS ,

La dissolution de la Chambre des Députés, les
circonstances inattendues qui l'ont amenée, difficiles pour notre gouvernement, sans exemple dans
nos fastes parlementaires par le caractère d'une
coalition pour le moins fâcheuse, qui nous aura
fait plus de mal en un jour que nous en feront, en
beaucoup d'années, toutes les coalitions illégales
que la loi punit, que la France réprouve, et
qu'elle doit toujours condamner, de quelques
sources élevées qu'elles partent, dont le mau-

vais exemple ne doit jamais se montrer dans le temple d'où sont sorties les lois sages qui les frappent.

Ces circonstances difficiles, disons-nous, réclament toute notre attention, tout notre zèle, le plus grand patriotisme, l'union étroite de tous les bons Français. Écoutez :

Notre ame nous dit (permettez-nous cette digression) qu'il ne doit régner dans le sanctuaire des lois que la religion des croyances consciencieuses, ou que l'obéissance aux convictions nouvelles, sincèrement franches, que peut produire la lumière qui rejaillit du choc loyal des opinions, jamais sous la pensée, ou sous les conditions du retour à sa foi, pour ne point faire du gouvernement représentatif, un gouvernement de duplicité, de mensonges, alors qu'il ne doit être que de vérité et de droiture; c'est ainsi, Messieurs, que nous comprenons l'équité politique, la franchise dans les opinions, la véritable dignité de la représentation nationale.

Ces tristes circonstances fatales à notre prospérité, vous le voyez et le sentez comme nous, Messieurs, mettent les grands intérêts de trente-deux millions de Français en périls, tiennent en souffrances déjà profondes, notre commerce de consommation, d'échanges avec l'étranger, notre industrie manufacturière et artistique, nos hautes relations commerciales et financières, et notre agriculture.

Ce choc d'une politique de regrets, d'espérance, d'écarts, d'erreurs et de minorités divergentes, contre une politique d'unité nationale, de prospérité et de gloire, qui nous a amenés à l'état de force, d'ordre et de progrès, dont nous jouissons, Les inquiétudes sérieuses dans lesquelles il nous jette, tiennent la France et l'Europe en émoi, viennent de constituer le grand jury national, dans une position grave, solennelle.

Que les Français se se pénètrent bien du grand devoir qu'ils ont à remplir. Qu'ils se pénètrent bien qu'ils sont appelés à prononcer sur l'expectative de la guerre ou de la paix ! Faisons-le sans haine, sans passion, en Français éclairés sur nos vrais intérêts, amis des peuples et de la paix qui les rend heureux. Nous vous en conjurons par notre parole de vérité, comme homme de commerce, à même de voir, d'entendre et de beaucoup connaître par nos rapports étendus de toute nature, placé à la droite, à la gauche et au milieu du malaise et du mécontentement général que l'opposition nous vaut, à l'insu d'hommes que nous voyons égarés sous sa bannière.

La guerre, comme soldat, nous ne la craignons point : nos preuves sont faites ; l'étranger le sait. Nous ne la voulons pas. Ce que nous voulons éviter surtout, ce sont ces armemens européens, seul événement que nous ayons à redouter, et dans lequel nous pousse le parti qui nous travaille, car la paix est en nous, et la guerre, un *Juillet*, est au sein de l'étranger : regardez l'esprit des peuples qui nous entourent. Ces armemens, sans la guerre, pourraient nous produire une forte partie de ses maux, sans nous donner de gloire, en tenant la France, en face de l'Europe armée, en état permanent d'hostilité, et pendant long-temps devenir lourd pour notre trésor, malfaisant pour les progrès de nos institutions, funeste pour le bien-être et l'éducation du pauvre, ruineux pour les grands intérêts de notre patrie, et bien triste pour la classe ouvrière, qu'il priverait, à coup sûr, du travail qui nourrit leurs familles, qui certes seraient de notre avis si elles entendaient notre parole.

La paix, nous la chérissons comme un bon père de famille qui ne veut point donner légèrement le sang de ses enfans, qui ne veut l'offrir en sacrifice à sa patrie, en y joignant le sien, s'il en était besoin, que pour ses intérêts, sa gloire et sa dignité, bien entendus, profondément appréciés par une Chambre calme. Nous aimons la paix comme le citoyen qui n'aime que le bien, qui repousse toujours le mal, ne l'accepte que lorsqu'il ne peut faire autrement, le supporte avec courage et dignité.

Nous l'aimons comme membre d'une nation brave, de la plus franche philanthropie, pleine de cette conviction que ce n'est que par la paix, à l'ombre des lauriers de Valmy, de Marengo, d'Austerlitz, etc., que la prospérité peut répandre sur le peuple tous ses bienfaits, qu'elle peut rendre notre pays florissant, favoriser le développement de l'éducation encore si arriérée, source de morale, de probité et d'ordre; qu'une liberté sage, prudente et progressive s'établit et prospère; que la civilisation s'ouvre et produit de toutes parts l'aisance, la joie le bonheur des familles, des nations et des rois.

Nous l'aimons parce qu'il n'y a bien que la

paix seule qui puisse faire germer et croître les progrès du monde, qui puisse édifier des monarchies constitutionnelles là où le despotisme règne encore, conduire les peuples à une grande et belle alliance par l'effet de la conformité des institutions, qui nous mènerait à la plus grande des libertés civiles et commerciales possibles pour le plus grand bien des humains que Dieu a mis sur la terre pour vivre en paix, s'aimer et s'entr'aider, et non pour s'égorger, comme nous avons la douleur de le voir, depuis trop long-temps, dans cette malheureuse Espagne.

Messieurs, notre gouvernement que l'on a la manie antinationale, en France, bien autrement qu'en Angleterre, de toujours considérer comme un ennemi qu'il faudrait combattre sans s'arrêter, sans jamais l'appuyer dans le bien que, seul, il peut vouloir, puisqu'il est Français comme nous, en appelle du patriotisme éclairé au patriotisme mieux éclairé, mieux compris ; il en appelle aux Électeurs qui veulent la prépondérance pacifique et civilisatrice de notre haute politique, le respect à la foi jurée, aux traités signés, qu'un gouvernement doit, le premier, donner l'exemple s'il ne veut pas enseigner la duplicité et la démoralisation dans le peuple, qui se forme toujours à son image, comme le prouvent bien des règnes : Louis XIV donna le luxe et la licence au peuple par le luxe et la licence de sa cour ; le gouvernement impérial, Napoléon fit sortir la gloire de sa grande âme : et le peuple français marchait à la victoire. Louis - Philippe est pour la fidélité aux traités, les mœurs, le travail, la gloire et les progrès : et les Français sont pleins de ce mérite et en jouissance de tous ces biens.

Notre gouvernement en appelle, disons-nous, aux Français qui veulent la sanction de l'œuvre d'une haute sagesse, du courage, du patriotisme, et d'une persévérance qui sut calmer les passions et placer si vite notre belle France, après nos trois glorieux jours, dans le plus brillant crédit, dans une prospérité commerciale et industrielle que l'étranger nous envie, et qu'il ne demanderait pas mieux, sans doute, de voir troubler par nos dissidences politiques, pour en profiter.

Cette prospérité, ne le voyons-nous pas, a favorisé nos institutions libérales, et prédisposé nos voisins, bien mieux que la guerre, à les comprendre et à vivre un jour sous leur protection. Elle a servi à l'organisation forte, imposante, de notre brave armée, en lui offrant encore, au milieu de la paix, en présence de l'Europe en armes et menaçante, de beaux jours de gloire. Anvers, Constantine et Saint-Jean d'Ulloa nous le prouvent bien glorieusement, en nous montrant jusqu'à l'évidence que notre dignité nationale n'a jamais été oubliée, ni les grands intérêts de la patrie, et que cet oubli de nos intérêts, de notre dignité, reproché au gouvernement, n'est plus qu'une arme usée dont on ne devrait plus se servir.

Nous avons donc à nommer un député qui représente bien nos besoins, qui soit uni corps et ame avec nous, qui représente véritablement l'esprit, les sentimens et toute la pensée patriotique de notre majorité, qui soit d'un caractère froid, d'un esprit éclairé et juste, ferme, franc, sage, jamais ambitieux, qui sache se tenir à la hauteur du grand jour qui se prépare, à la hauteur des conséquences que notre nouvelle Chambre est appelée à faire prévaloir.

Bien pénétré de la sagesse et de la portée du principe que nous avons eu le bonheur de proclamer le premier avec vous, Messieurs, nous ne pouvons pas, par conviction et sagesse, pour être conséquent, nous en écarter : c'est, vous le savez, dans la persévérance qu'est le succès.

Ce n'est que dans notre principe politique que nous allons vous rappeler que nous devons continuer à prendre notre député, sans autres considérations. La grandeur de notre mandat doit nous tenir au dessus de toute faveur particulière. Pour nous les principes sont tout.

Aux élections dernières, nous avons eu à nous prononcer sur deux principes qui se sont présentés à nos suffrages, l'un pour défendre les intérêts matériels, industriels et commerciaux de la France dans sa haute politique et par sa gloire, sa force et sa dignité ; l'autre pour soutenir la gloire nouvelle, la force et la dignité de la France dans ses intérêts et par ses intérêts matériels, industriels et commerciaux ; c'est à ce dernier principe que la majorité de notre arrondissement s'est arrêtée ; elle l'a sanctionné d'une manière bien victorieuse ; qu'elle s'en souvienne. Nous en avons appelé à la France pour lui donner de la force, afin d'entrer le plus tôt possible dans cette vie sociale nouvelle vers laquelle nous marchons avec activité par la seule impulsion des nécessités et de l'esprit de l'époque, que toutes les oppositions systématiques coalisées, blanches, rouges, de toutes couleurs, ne sauraient arrêter, tout au plus que ralentir. La volonté du besoin des hommes raisonnables unis, est la volonté de Dieu.

Nous croyons bien faire pour le pays et être agréable, Messieurs, à vos sentimens politiques, de répéter les considérations que nous fîmes valoir en 1837 à l'appui de notre principe, qui a acquis plus de force, de portée et d'intérêt, par l'opposition de cette année et sa marche contraire aux intérêts de notre pays.

Nous disions donc :

« Ce qui fait la force, la gloire et la dignité de « l'Angleterre, notre rivale, ce sont son grand « et bon esprit de commerce, sa puissance indus- « trielle et sa haute politique qui les protègent tou- « jours; chez elle, les intérêts matériels, indus- « triels, sont tout ; et cette nation est puissante et « respectée : il ne lui manque qu'un ordre civil « comme le nôtre pour être plus heureuse.

« La France, fière de sa gloire, et, à bon titre, « sacrifie tout à sa haute politique, qui lui « a donné une si belle page dans l'histoire. Son « esprit de commerce est généralement faible, mal « apprécié : nos écoles ne font que de commencer

« à l'enseigner ; son génie industriel est tout puis-
« sant, il ne le cède en rien, sous ce rapport, à
« l'Angleterre ; mais chez nous, il est faiblement
« soutenu : il a besoin, pour grandir, prospérer et
« répandre ce bien qu'il fait toujours, d'hommes
« de boutiques, d'usines, de fabriques et de com-
« merce, et d'hommes élevés à son école-pratique,
« qui comprennent bien les intérêts matériels du
« pays, sans la prospérité desquels il ne saurait
« être heureux, puissant et respecté.

« L'Angleterre fait de la haute politique, sous
« le grand art de son étonnante et adroite politi-
« que commerciale. Tout est pour ses intérêts
« matériels, et c'est par ses intérêts industriels
« qu'elle donne de la force à ses intérêts moraux,
« intellectuels.

« La France, au contraire, met son bien-être
« matériel dans sa haute politique ; c'est par sa
« politique abstraite qu'elle entend protéger, dé-
« velopper ses intérêts de fabriques et de com-
« merce. Aujourd'hui, ce système est une erreur,
« ce qui se passe sous nos yeux ; nous le prouve
« de reste. Bref, force est d'en convenir : le
« premier moyen pour arriver à ce que nous vou-
« lons tous, députés, électeurs, citoyens non

« électeurs et gouvernement, est le plus sûr.
« Tout ce qui parle plus directement à la bourse
« de chacun, aux intérêts positifs de tous, est
« toujours compris, et ne saurait manquer de suc-
« cès. L'Angleterre nous le prouve; la Hollande
« en a été un exemple bien frappant, lorsqu'elle
« était si grande, si riche et si puissante par son
« commerce, par ses intérêts matériels.

« Qui de nous en France ne sent pas cette sa-
« gesse de notre époque, ce besoin que nous avons
« de sortir du cercle vicieux dans lequel tant
« d'intérêts commerciaux et industriels, mal
« combinés dans leurs rapports, se meuvent sans
« liaisons, privés des lois qui leur sont nécessaires,
« pêle-mêle, se heurtent, se contrarient et s'écra-
« sent en tous sens, au grand détriment des inté-
« rêts bien entendus de notre beau pays, dans le
« plus grand désordre d'une liberté commerciale
« mal comprise, qui a besoin d'ordre et d'être
« soumise, comme la liberté civile et politique, à
« une charte normale, que la raison commerciale,
« que le bon sens public saurait ériger, s'il était
« mieux éclairé, s'il était bien conduit par des hom-
« mes de boutiques nécessaires, indispensables au-
« jourd'hui à la direction des affaires publiques,
« par des hommes qui puissent porter aide et assis-

« tance à notre ministre du commerce, qui ne
« manque ni de bonne volonté, ni de capacités
« spéciales.

« Appuyons-le donc dans le bien qu'il veut à
« la France, en lui envoyant des hommes de la
« science et de nos besoins.

« Paris a montré glorieusement en 1830, ce
« qu'il sait faire en haute politique et en liberté
« civile. C'est encore à lui qu'appartient la gloire
« de donner à la France cette charte, cette liberté
« commerciale, et ce développement dont elle a
« tant besoin pour le bien de ses intérêts maté-
« riels de boutiques, d'usines, de fabriques et de
« commerce. »

Voilà, Messieurs, ce que nous avons eu l'hon-
neur de vous exposer de cœur et de conviction, le
4 novembre 1837, et ce qui nous paraît tout-à-
fait opportun de répéter aujourd'hui, pour le
bien de la lutte électorale qui va s'engager, et le
triomphe de nos principes politiques et de leur
spécialité, que vous avez adoptés et que la coalition a si malheureusement servis.

En conséquence, et pour nous résumer, nous
voterons pour le candidat qui se rangera fran-

chement sous notre drapeau, qui acceptera nos
principes, qui en approchera le plus près par sa
profession de foi, son esprit de commerce, son
patriotisme éclairé, son civisme sincère, et par
ses antécédens qui sont tout chez les hommes ;

Qui nous paraîtra le mieux comprendre le besoin que nous avons d'ordre, de moralité, d'unité
politique, de tranquillité et de cette véritable liberté qui consiste à dépendre de la justice et de la
raison ;

Qui nous paraîtra le mieux apprécier le besoin
que nous avons de la paix intérieure et euro-
péenne, de voir le commerce et l'industrie re-
prendre leur cours, et la confiance leur livrer
ses capitaux.

Nous voterons pour le candidat qui com-
prendra encore le besoin que nous avons de
lois commerciales, sur les ventes à l'encan,
le colportage ; sur les sucres, sur les faillites,
sur les opérations industrielles montées par
actions, sur les négociations des actions à la Bourse,
sur le système et pour le succès de nos grandes li-
gnes de chemins de fer.

Nous voterons enfin pour le candidat d'une sagesse à chasser les défiances, à détruire les alarmes, à s'opposer à tout ce qui pourrait les faire naître inutilement, sans motifs solides et conséquens, comme l'a fait avec une grande sagesse le parti des 221, sous le drapeau duquel nous nous rangeons, et sous lequel nous appelons tous les électeurs qui nous auront compris.

Soyons unis pour l'ordre, la liberté, la paix, le travail, la moralité et la probité.

Nous le serons toujours pour la guerre, si la dignité, la gloire et les intérêts de notre patrie nous en font une nécessité.

Au roi, à sa dynastie, aux principes de la révolution de juillet et à notre glorieuse patrie, notre sagesse, notre union, notre force et notre courage.

Que cette lettre devienne notre point de ralliement ; qu'elle soit notre adresse d'adhésion et de demandes, et que notre député en soit la réponse vivante, énergique et nationale . Qu'à l'avenir chaque collége électoral de France suive notre exemple, formule ainsi les sentimens politiques et patriotiques de ses besoins : nos chambres et notre gouvernement pourront connaître d'une manière claire et précise et le bien et le mal ; saisir les moyens de continuer et d'étendre l'un ou de porter remède à l'autre.

L'on donnerait à ces documens précieux le nom d'Adresse des Colléges électoraux de France, après, bien entendu, qu'ils auraient cessé d'être individuels, qu'ils auraient acquis par le vote des assemblés générales préparatoires un caractère de majorité.

PARIS. — IMPRIMERIE DE MAULDE ET RENOU,
Rue Bailleul, 9 et 11.